激骨話

台灣歇後語

請掃描，
作者親自示範讀法。

激骨話 台灣歇後語 ｜新版序

民間的俗諺俚語，蘊含先民的生活知識及處世智慧，其中歇後語更透過語言的趣味表現出來，所以也稱俏皮話。

歇後語以文法上的「歇後法」，把語句分成前、後兩句話，前句話是話面（謎面），間歇一下，後句話是話意（謎底）。這也就是說，讓人從前一句話的相關意義或相近語音，推測真正想要講的後句話。

例如：稻草人救火──自身難保，豬八戒照鏡子──裡外不是人，廁所裡掛鐘──有屎有鐘（有始有終）。

台語的歇後語，稱為「激骨話」（kik-kut-uē），就是標新立異，故意講與人不同的俏皮話；或稱「孽譎仔話」（giát-khiat-á-uē）、「孽畜仔話」（giát-thiok-á-ue）、「孽仔話」（giát-á-uē），指戲謔、不正經的話。

例如：墓仔埔放炮──驚死人，墨賊仔頭──無血無目屎，苦瓜燉鱸魚──苦鱸（可憐）。

1993 至 1994 年間，我把當時在《聯合報》鄉情版的〈台灣歇後語〉專欄，選出一百五十則，陸續集結出版《台灣歇後語》（一）（二）（三）三本書，頗受歡迎，成為台灣本土語言教材的長銷書。2019 年，我從中精選一百則，重新出版單冊《激骨話：台灣歇後語》。

二十五年前，台語的漢字常見不同的寫法和標音。2008 年，教育部委任台語文專家學者編輯的《臺灣閩南語常用詞辭典》網路版上線，正式提供了統一的推薦用字及羅馬字拼音。據此，《激骨話：台灣歇

後語》修正舊版的用字，並加了標音。

在解說上，除了保有本來「笑詼」（tshiò-khue，詼諧之意）、心適（sim-sik，有趣之意）的風格，還補充了相關的民俗、典故及時代背景。

這是古典台語的腦筋急轉彎，讓我們一起來「滾笑」（kún-tshiò，戲謔之意）！

曹銘宗

目次
CONTENT

一空掠雙隻

— 提示 —

一般一個孔洞只能抓到一隻

——————————— **一空掠雙隻 —— 好空**

台語「空」*(khang)* 指孔洞，「掠」（*liah*）是抓、捕捉的意思。

一般來說，一個洞穴裡只有一隻獵物，如果在一個洞穴裡抓到兩隻，那麼這個洞穴就叫「好空」（*hó-khang*）。

還有一句俗語「一孔掠三尾」，在一個洞穴裡抓到三尾魚，這叫「真正好孔」。

台語「好空」引申為好處、有利可圖，台式華語寫成「好康」。相對的就是「歹空」（*pháinn-khang*），指壞處、沒有搞頭。

一盤魚脯仔

提 示

幼魚眼睛及頭部比例大

說明 ──── 一盤魚脯仔 ── 全全頭

台語「魚脯」（ *hî-póo* ）指魚乾，「魚脯仔」就是小魚乾。

因為幼魚眼睛及頭部比例大，所以一盤小魚乾看起來都是頭，稱之「全全頭」（ *tsuân tsuân thâu* ），比喻一個團體裡每個人都想當頭。

「全全頭」暗諷山頭主義，大家爭相做頭，就會變成多頭馬車，輕則原地打轉，重則五馬分屍。

一粒田螺煮九碗湯

還有味道嗎？

── 一粒田螺煮九碗湯 ── 無味

台語「田螺」（*tshân-lê*）是生活在溝渠或水田裡的軟體動物，可以食用，早年非常普遍，後來因農藥汙染而大幅減少。有一句俗語「田螺含水過冬」，比喻堅苦卓絕的精神。

一粒小田螺，煮成九碗湯，當然沒味道，稱之「無味」（*bô-bī*），也比喻平淡無奇。

另外也有人說「一粒田螺煮九碗公湯」，比喻沒有實質內容。

二十兩

—— 提示 ——

一斤十六兩

說明 ──── 二十兩 ── 斤四（近視）

早年「漢字文化圈」（中、日、琉、韓、越等）計算重量的單位，一斤十六兩，一兩十錢。在中國（包括金門、馬祖）一斤等於半公斤，即五百克，但台灣在日本時代改為日制，一斤等於六百克，後稱台制使用至今。

二十兩就是一斤又四兩，簡稱斤四，台語音 *kin sì*，與「近視」（*kīn-sī*）諧音。

台灣學童的近視率高達九成，在全球名列前茅，被戲稱出產「四眼田雞」（戴眼鏡者）的「近視王國」。

十二月肉湯

農曆十二月是一年最冷的月

說明 — 十二月肉湯 —— 穩凍（穩當）

肉湯含有膠質（膠原蛋白），在天冷的時候，不必放冰箱就會結凍。在古早沒有冰箱的年代，農曆十二月天氣最冷，肉湯自然就結凍了。

台語的結凍叫「堅凍」（*kian-tàng*）。台語的一定叫「穩」（*ún*），一定贏叫「穩贏」。農曆十二月的肉湯一定會結凍，可謂「穩凍」，與「穩當」（*ún-tàng*）同音，就是穩如泰山、一定妥當的意思。

丈母娘看女婿，愈看愈有趣，他當乘龍快婿就像十二月肉湯——穩當啦！

十二月天睏曆頂

— 提示 —

農曆十二月天冷有霜害

── **十二月天睏厝頂 ── 凍霜**

台語稱屋為厝，「厝頂」（*tshù-tíng*）就是屋頂，或叫「厝尾頂」（*tshù-bué-tíng*），所以這句歇後語也有人寫成「十二月厝尾頂」。

台語「凍霜」（*tàng-sng*）除了指霜害，也比喻小氣、吝嗇，近義詞是「鹹閣澀」。

農曆十二月最冷，屋頂又更冷，我們做人千萬不要十二月天睏厝頂──凍霜。

十角

十角是一元

——————————————— 十角 —— 一箍散散

台語的貨幣單位，一「箍」（*khoo*）等於十「角」（*kak*），「箍」就是元。

台語「箍」也用來指人的體型，例如「大箍」（*tuā-khoo*）是胖的意思。此外，一個人也可戲稱「一箍人」（*tsit khoo lâng*）。

十角就是一箍，十個一角散開，稱之「一箍散散」，批評一個人「散散」（*suànn- suànn*），懶散、漫不經心。

乞食揹葫蘆

— 提示 —

乞丐揹葫蘆

說明 ──────── 乞食揹葫蘆 ── 假仙

道教有凡人得道的八位神仙，一般簡稱「八仙」：李鐵拐、鍾離權、呂洞賓、張果老、何仙姑、曹國舅、韓湘子、藍采和。傳說李鐵拐常行乞於市，揹著葫蘆，拄著鐵杖，故得此稱號。

台語「乞食」（khit-tsiáh）就是乞丐，「揹」（phāinn）就是背。乞丐揹著葫蘆，雖然看來很像李鐵拐，其實只是「假仙」而已。

台語「假仙」（ké-sian）有假裝、裝模作樣的意思。罵人「袂仙假仙」（bē sian ké sian），就是說明明不是仙卻要冒充仙，比喻不懂裝懂。

乞食過溪

乞丐有很多家當

—————————— 乞食過溪 —— 行李濟

台語「乞食」（*khit-tsiāh*）就是乞丐，乞丐居無定所，但棉被、鍋子等家當卻不少，離開時都要帶著走。

乞丐過溪，全部家當都要帶在身上，台語稱之「行李濟」。台語「濟」（*tsē/tsuē*）是多的意思，「濟禮」就是厚禮數。

台灣在1979年開放國人出國觀光，當時的觀光團就是採購團，每位旅客都有如乞食過溪——行李濟啦！

上帝公跋輸筊

— 提示 —

玄天上帝賭博輸了

說明 上帝公跋輸筊 ── 當龜（頓龜）

上帝公是台灣民間信仰奉祀的玄天上帝，傳說曾鎮攝龜精蟒靈，其神像常見一腳踩龜、一腳踩蛇，也有只踩一大龜者。

台語「跋筊」（puh-kiáu）就是賭博，「跋輸筊」就是賭輸了。

這句歇後語跟神明開玩笑，上帝公賭博輸了，為還賭債，就把腳下的龜拿去典當，稱之「當龜」，與「頓龜」（tǹg-ku）同音，就是屁股跌坐在地的意思。

上帝公也稱帝爺公，另有一句歇後語：帝爺公跋輸筊──摃龜，說帝爺公賭輸回家打龜出氣。

台語「摃龜」（kòng-ku）從日語「スコンク」（sukonku）少掉su簡化而來，這是運動用語，指在比賽中被打敗還得零分。此一日語則源自英語skunk，本指北美洲的臭鼬，後來成為英語俚語，指在比賽中打敗對手並讓對手無法得分。

台灣在1984年出現利用愛國獎券中獎號碼來簽賭的「大家樂」風潮，開始流行使用「摃龜」來指所買彩券完全沒中，至今不衰。

土地公看傀儡

土地公看傀儡戲

説明 ── 土地公看傀儡 ── 愈看愈花

台語「傀儡」（*ka-lé*）指用絲線操控的木偶，稱之「傀儡尪仔」
（*ka-lé ang-á*），這種表演叫「傀儡戲」（*ka-lé-hì*）。

土地公看神像就知道是老公公，大概已經老眼昏花，再看用絲線
牽動木偶表演的戲，看得眼花撩亂，台語稱之「愈看愈花」，比
喻看不出端倪，愈看愈胡塗。

大嚨喉叫人

提示

聲音大，好叫人

説明 ── 大嚨喉叫人 ── 好喊（好險）

台語「大嚨喉空」（*tuā-nâ-âu-khang*）形容說話的聲音很大，就是大嗓門；「喊」（*hiàm*）則是叫、召喚的意思。

大嗓門喊人，就是「好喊」（*hó hiàm*），與「好險」（*hó-hiám*）諧音，變成「好佳哉」（*hó-ka-tsài*）的意思了。

車子買了保險，隔天就被偷了，真是大嚨喉叫人──好險！

大某拍細姨

提示

大老婆打小老婆

——— **大某拍細姨 —— 大出手**

台語「大某」（*tuā-bóo*）指正室妻子，「細姨」（*sè-î*）則是姨太太、小老婆。

台語「拍」（*phah*）指用手打，常被錯寫為「打」（*tánn*）。台語「打」常用在「打擊」（*tánn-kik*）、「攻打」（*kong-tánn*）。

大老婆打小老婆，一定不會太客氣，戲稱「大出手」（*tuā-tshut-tshiú*），雙關語是大手筆、出手大方。

大兄無坐正

— 提示 —

大哥歪了

—————————— **大兄無坐正 —— 歪哥**

台語「大兄」（*tuā-hiann*）指大哥，「坐正」（*tsē tsiànn*）就是坐姿端正，人講「坐予正，得人疼」。

大哥沒有坐正，就變成「歪哥」了。

台語「歪哥」（*uai-ko*）指以不正當手段取得財物或利益，尤指貪汙，此一用詞已成台式華語「歪哥」（ㄨㄞ　ㄍㄜ），收錄教育部《重編國語辭典》。

日本醋飯

提示

壽司的日語發音

説明 —— 日本醋飯 —— 壽司（輸死）

台灣在日本時代（西元 1895-1945 年），日語是官方語言，「台灣語」（福建漳泉語，簡稱台語）是民間主流語言，兩種語言的交會，台語吸收了很多日語。

日本的庶民美食「壽司」（すし，*sushi*），就是以醋、糖、鹽與白飯調製而成的「醋飯」。台灣在日本時代引進壽司，稱之「醋飯箍」（*chhò-pn̄g-kho*），當時《台日大辭典》已收錄此一詞條。此外，有人戲稱壽司為「臭酸飯」。

台語直接以日語發音稱壽司 sushi，與台語「輸死」（*su sí*）諧音。因此，有人在賭博或彩券開獎日，堅持不吃壽司。

火燒豬頭

臉都熟了

説明 ──────────── 火燒豬頭 ── 面熟

火燒豬頭，豬臉熟了，台語稱之「面熟」(*bīn-sik*)，就是眼熟的意思。

台語「面熟」常見疊詞用法，例如：「你看起來面熟面熟。」

其他疊詞用法還有「好勢好勢」(舒適、順利)、「歡歡喜喜」、「清清白白」等。

火燒罟寮

罟寮是放置漁網的小屋

說明 —— 火燒罛寮 —— 無網（無望）

台語「罛」（*koo*）是漁網，「牽罛」（*khan-koo*）就是在海灘拉漁網捕魚。

台語「寮」（*liâu*）常指簡陋的屋子或棚子，例如堆放木材的「柴寮」，臨時搭建給工人居住的「工寮」。

火燒「罛寮」，漁網都燒掉了，謂之「無網」，與「無望」（*bô-bāng*）同音。如果連唱一首〈補破網〉的機會都沒有，當然就是「無望」，沒有希望了。

火燒墓仔埔

 提 示

火燒墳墓會薰到誰？

───────── 火燒墓仔埔 ── 薰鬼

台語「墓仔埔」（*bōng-á-poo*）就是墳墓，墳墓起火會冒煙。

台語「薰」（*hun*）作名詞是香菸，「食薰」（*tsiah-hun*）就是抽菸；作動詞則是煙燻。

火燒墓仔埔──薰鬼（*hun kuí*），表面看是冒煙燻到鬼，其實指菸癮很大的菸鬼。

另有一句歇後語：墓仔埔做大水。墳墓濕了，謂之「濕墓」，與「失望」（*sit-bōng*）諧音。

火燒竹林

竹筍殼是易燃物

說明 - 火燒竹林 ── 無竹殼（無的確）

台語稱竹子林為「竹林」（*tik-nâ*），竹筍殼為「竹殼」（*tik-khak*）或「筍殼」（*sún-khak*）。

筍殼可以包粽子、做斗笠，老筍殼也能用來當柴燒。

在竹林中，竹殼最易燃燒，如果發生大火，竹殼最先燒光，稱之「無竹殼」，聽起來變成「無的確」（*bô-tik-khak*），就是說不定、不一定的意思。

氣象預報就像火燒竹林 ── 無的確啦！

火燒甘蔗園

甘蔗葉都燒光了

說明 ── 火燒甘蔗園 ── 無箬（無合）

台語「箬」（*háh*）指植物莖稈外的硬葉，「蔗箬」（*tsià-háh*）就是包覆甘蔗莖的硬葉。

如果甘蔗葉發生大火，較易燃的蔗箬會先燒光，稱之「無箬」，聽起來就像「無合」（*bô háh*），不適合、不搭調的意思。

新婚夫妻整天吵架，就像火燒甘蔗園──無合啦！

六月芥菜

芥菜要到冬天才會結心

芥菜是台灣常見的十字花科蕓薹屬蔬菜，台語音 *kuà-tshài*，所以也被寫成諧音的「刈菜」。

芥菜要到冬天才會結心，農曆六月夏天雖然長得茂盛，但裡面並沒有心，所以稱之「假有心」（*ké ū sim*），比喻外表古道熱腸、內心虛情假意。

台灣客家人擅長以芥菜製作醃菜，依不同時間的發酵、日曬和風乾，依次可以做成：鹹菜（酸菜）、覆菜（福菜）、鹹菜乾（霉乾菜），再搭配肉類做出客家特色料理。

芥菜是台灣過年應景的「長年菜」，因為芥菜的葉片最大最長，象徵長命百歲；雖然有點苦味，但愈煮愈甘，象徵苦盡甘來。

外省仔麵

提示

麵的華語怎麼說？

說明 ——— 外省仔麵 —— 麵（免）

二次大戰日本戰敗後，中華民國先接管台灣，接著因國共內戰撤守台灣。戰後台灣約有六百萬人口，但從 1945 年到 1950 年間，約有一百五十萬中國軍民遷到台灣，對台灣經濟、社會造成結構性的衝擊。

戰後，美國小麥產量過剩，國際米價高於小麥。1954 年，台灣為了外銷米賺取外匯，推行「麵粉代米」政策，鼓勵民眾多吃麵食代替米食。

麵食源自北方，台灣傳統以米食為主，日本時代開始引進日本及西洋麵食，但並不普遍，戰後因「麵粉代米」政策，加上中國各省移民、尤其北方人帶來的麵食文化，所以台灣後來也發展出豐富的麵食文化。

來自中國各省的人，被簡稱「外省人」，相對於台灣的「本省人」。台灣的官方語言一樣稱「國語」，不過從日語變成了華語。

台灣至今仍有「外省麵」的店名。台灣傳統的麵是麵粉加鹼煮過再拌油的熟麵，稱之「油麵」。相對於燙一下即可烹調的熟麵，外省麵則指生麵，也就是以生的麵條當場「下麵」到滾水裡煮熟，需要煮麵時間。

華語「麵」（注音ㄇㄧㄢˋ）與台語「免」（*bián*）諧音。如果你幫人家忙，對方說要答謝，但你覺得不必，就可以說：外省仔麵——免啦！

外省人食柑仔

橘子的味道

說明 —— 外省人食柑仔 —— 酸（旋）

戰後初期，台灣推行「國語教育」，但民間仍習慣講台語，而外省人一般都講華語。

台語的「柑仔」（kam-á）就是橘子，橘子有酸味，外省人吃橘子會說「酸」（ㄙㄨㄢ），與台語「旋」（suan）同音，而「旋」是溜走的意思。

看情勢不妙，想要溜走時，就可以說：外省人食柑仔——旋啦！

外省人搬戲

— 提示 —

搬戲就是演戲

説明 — 外省人搬戲 — 做戲（做死）

台語的「搬戲」（*puann-hì*），就是演戲的意思，早年用在戲班的搬戲。

「搬戲」並不是台語專用，在中國白話章回小説《琵琶記》、《金瓶梅》等也有「搬戲」用詞，不過中文一般都稱演戲、做戲。

華語説「做戲」（ㄗㄨㄛˋㄒㄧˋ），台語聽起來像「做死」（*tsò sí*），做到快累死了。

如果男人在外面「日也做，暝也做」，回家還被老婆念「厝內的代誌攏毋做」（性暗示），真是要「做死」了。

白賊七仔講古

提示

騙子說故事

—————— **白賊七仔講古 —— 騙戇人**

台語「白賊」（*péh-tshát*）是謊話，例如「白賊話」、「講白賊」。
「白賊七仔」（*péh-tshát-tshit-á*）則是台灣民間故事的人物，常
說謊騙人，所以成為說謊者的代名詞。

台語「講古」（*kóng-kóo*）就是講述歷史故事或民間傳說。

白賊七仔講古，可以騙誰呢？當然只能騙「戇人」（*gōng-lâng*），
就是呆子、傻瓜。

幼稚園招生

年紀太大就不收了

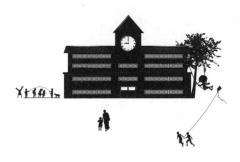

説明 — 幼稚園招生——老不收（老不修）

幼稚園招收尚未上小學的幼童，此一名詞源自台灣日本時代的日文「幼稚園」（ようちえん，*yōchien*），台語發音 *iù-tī-hn̂g*。在中國大陸稱「幼兒園」，港澳新馬都稱幼稚園。

台語「招生」（*tsio-sing*）就是招收新生，有時幾所學校會「聯合招生」。

台灣規定兒童六歲上國民小學，所以幼稚園只收六歲以下幼童，年紀太大就不收，戲稱「老不收」，與「老不修」（*lāu-put-siu*）同音，指好色、言行不正經的老人。

半暝仔記數

三更半夜記帳

説明 ──────────────── **半暝仔記數 ── 暗算**

台語「半暝」（*puànn-mê*）就是半夜、深夜，或説「三更半暝」
（*sann-kenn-puànn-mê*）。

台語「記數」（*kì-siàu*）就是記帳，三更半夜記帳，戲稱「暗算」。

台語「暗算」（*àm suàn*）有兩種用法，主要是暗中計謀，另外也
指心算。「暗算」的近義詞是「變鬼」（*pìnn-kuí*）、「創空」
（*tshòng-khang*）。

奶母抱团

提 示

奶媽抱的不是自己的孩子

—————— **奶母抱囝 —— 別人的**

台語「奶母」（*ling-bú*）指奶媽，「囝」（*kiánn*）是兒女、孩子。

奶媽抱孩子，不是自己生的，所以是「別人的」（*pat-lâng ê*）。

現在很多人說：女兒嫁了，還是「家己人」（*ka-kī-lâng*）；兒子娶了，變成「別人的」。

立地成佛

上一句

説明 ── 立地成佛 ── 放殺（放揀）

佛教諺語「立地成佛」的上一句是「放下屠刀」，台語戲稱「放殺」，聽起來變成「放揀」（*pàng-sat*），即遺棄之意。

這對冤家為了面子，都宣稱把對方「放揀」，然後各自另結新歡去了。

四兩雞仔半斤頭

— 提示 —

雞頭很大

— 四兩雞仔半斤頭 — 大頭雞（大頭家）

一斤十六兩，半斤八兩，才四兩重的雞身，卻有半斤重的雞頭？

四兩雞仔半斤頭，當然是被誇大的「大頭雞」（*tuā-thâu ke*），聽起來變成「大頭家」（*tuā thâu-ke*），就是大老闆。

他放棄博士學位去賣雞排，現在已經是四兩雞仔半斤頭——大頭家啦！

甘蔗規枝鼗

— 提示 —

甘蔗整枝拿來啃

説明 ———— 甘蔗規枝齧 ── 無斬節

台語「規」（*kui*）有整個的意思，常被寫成同音的「歸」；「齧」（*khè*）即啃。

甘蔗整枝拿來啃，沒有先斬成一節一節，稱之「無斬節」（*bô tsám tsat*），聽起來變成「無站節」（*bô tsām-tsat*），沒有分寸的意思。

分寸指言行恰當的限度，「做代誌愛有站節」就是做事情要有分寸。

囡仔跋倒

媽媽看到小孩跌倒都會疼惜一下

說明 ── 囡仔跋倒 ── 媽媽撫撫（馬馬虎虎）

台語「囝」（*kiánn*）指兒女，「囡仔」（*gín-á*）則指小孩，可以是自己或別人的小孩。

台語「跋倒」（*puah-tó*）是跌倒的意思。小孩跌倒時，媽媽都趕緊過來安慰，對跌疼的地方「撫」（*hu*）一下，就是摸一摸、揉一揉，還會說：「來！媽媽撫撫。」

「馬馬虎虎」（*má-má-hu-hu*）與「媽媽撫撫」（*má-mah hu-hu*）諧音，跟華語「馬馬虎虎」（ㄇㄚˇ ㄇㄚ ㄏㄨ ㄏㄨ）一樣是隨隨便便、敷衍了事的意思。

老人食麻油

── 提示 ──

麻油雞性熱

説明 — 老人食麻油 —— 老熱（鬧熱）

在台灣，麻油料理最常見的是麻油雞，以麻油、老薑、台灣紅標米酒煮成，為婦女產後補品。

麻油雞等補品，以中藥看是「性熱」的食物，如果老人也來吃，開玩笑就叫「老熱」（*láu jiát*），與「鬧熱」（*lāu-jiát*）諧音。

台語「鬧熱」就是熱鬧的意思，加強語氣可說「鬧熱滾滾」，另有「迎鬧熱」（*ngiâ-lāu-jiát*）、「鬥鬧熱」（*tàu-lāu-jiát*，湊熱鬧）的用法。

西北雨

雨下很大

——————————————————— 西北雨 —— 大落

台語「西北雨」（*sai-pak-hōo*）一般指夏天的午後雷陣雨，雨下得很大，但時間短、區域小。

台語下雨叫「落雨」（*loh-hōo*），西北雨會「大落」（*tuā-loh*）。

華語「大落」有大方之意，但台語「大落」用在大起大落。他很「衰」（*sue*），買股票每次進場就像遇到西北雨——大落！

曲疴馬

駝背馬

—————— **曲疴馬——駱駝（樂跎）**

台語「曲疴」（*khiau-ku*）即駝背，「曲疴馬」是駝背的馬？

沒看過駱駝（單峰），就說馬背腫、馬駝背，太沒見識了！駝背的馬其實是駱駝（台語音 *lók-tô*），聽起來像「樂跎」（*lók-tô*），閒逛、逍遙的意思。

米篩目包餡

— 提示 —

米篩目可以包餡嗎？

——————— **米篩目包餡 —— 袂做得**

「米篩目」（台語音 *bí-thai-bák*）是台灣傳統米食，常被錯成「米台目」、「米苔目」。

其實，從「米篩目」三個字就可以看出這種米食的做法，「篩」作為動詞指從孔隙中穿過，「目」是細孔，米篩目就是以半熟粿糰篩出的米條食品。

米篩目是一條一條的，當然無法「包餡」（*pau-ānn*），所以說是「袂做得」（*bē-tsò-tit*），就是無法做、行不通的意思。

老牛拖破車

不知還能走多遠？

說明 — 老牛拖破車 —— 行一步算一步

台語「行」（*kiânn*）是走，例如「行路」（*kiânn-lōo*）；「走」（*tsáu*）則是跑，「緊走」（*kín tsáu*）就是快跑。

老牛拖破車，隨時可能牛倒地或車故障，當然只能「行一步算一步」，比喻無計可施。

阿媽生查某囝

 提示

祖母生女兒

說明 阿媽生查某囝 —— 生姑（生菇）

在台語，「阿媽」（*a-má*）是祖母，「查某囝」（*tsa-bóo-kiánn*）是女兒，父親的姊妹稱「阿姑」（*a-koo*），即姑姑、姑媽。

在早婚年代，年輕祖母生女兒是可能的事。對祖母生的女兒，在輩分上要稱「姑」，所以祖母生女兒就是「生姑」，與「生菇」（*senn-koo*）同音，聽起來變成發霉。

好東西要趕快拿出來與好朋友分享，不然放久了會像阿媽生查某囝——生菇！

阿媽生孫

— 提示 —

誰最高興？

說明 ── 阿媽生孫 ── 公暢（講暢）

台語「阿媽」（*a-má*）是祖母，但祖母就算生孩子，也不是孫子，「阿媽生孫」只是老年生子的比喻。

不過，英國在 2019 年發生「阿媽生孫」的真人真事。原來，有一位五十五歲的婦人，她的女兒罹患先天性無子宮症，她擔任女兒的代理孕母，自己的孫子自己生。

「阿媽」生子，她的老公「阿公」（祖父）最高興，稱之「公暢」。台語「暢」（*thiòng*）是爽的意思，「公暢」聽起來像「講暢」，就是講了只讓人聽爽的，不算數的！

阿公娶某

阿公娶老婆，多了一個阿婆

說明 —— 阿公娶某 —— 加婆（雞婆）

台語的「阿公」（*a-kong*）、「阿婆」（*a-pô*）分別泛指年老的男性、女性，「某」（*bóo*）則是妻子，夫婦叫「翁某」（*ang-bóo*）。

阿公娶妻，當然也可能娶年輕小姐，但一般想是年紀相當的阿婆，那家裡就多了一個阿婆，稱之「加婆」，聽起來變成「雞婆」（*ke-pô*），指好管閒事或好管閒事的人。

「雞婆」雖然有個「婆」字，但男女通用，而跟雞有什麼關係？

「雞婆」其實是「家婆」的誤寫，因為閩南語漳州音「雞」與「家」的發音都是 *ke*。「家婆」則是「管家婆」（*kuán-ke-pô*）的簡稱，「管家婆」是古代官紳巨賈家中地位較高的女傭，家裡大小事都要管，所以被比喻好管閒事。

阿公挖塗

 提示

阿公挖土開工

泥土的台語應該是「塗」（*thôo*），常被誤寫為發音相近但聲調不同的「土」（*thóo*）。台語「土」則用在「土地」（*thóo-tē*）、「鄉土」（*hiong-thóo*）。

阿公挖塗（*óo-thôo*）就是阿公挖土，動土開工，戲稱「公開」（*kong-khai*），揭露、開放的意思。

阿婆仔炊粿

— 提示 —

碗粿的中央會凹陷

說明 —— 阿婆仔炊粿 —— 倒塌（倒貼）

台語「炊粿」（*tshue-kué*）是蒸米粿，「倒塌」（*tò-thap*）是凹陷。

蒸碗粿需要高溫，如果火候控制很好，碗粿蒸好冷卻後中央會凹陷，吃起來Q彈不爛。

阿婆仔炊粿經驗豐富，碗粿中央一定「倒塌」，聽起來像「倒貼」（*tò-thiap*），虧本的意思。

如果以這種價格賣你，我就是阿婆仔炊粿——倒貼啦！

見面流鼻血

傳說人如果枉死，見到親人認屍會流鼻血

說明 —— **見面流鼻血 —— 親就是親**

傳說人如果枉死，見到親人認屍會七孔流血，而且最容易流鼻血（ *lâu phīnn-huih* ），因為是血親的關係，所以民間才說「親就是親」。

這家兄弟姊妹都吃同一種牌子的母奶長大，手連手、心連心，真是「親就是親」。

至於現在說男人看到性感美女會流鼻血，則是誇大的戲劇效果。

阿伯仔爬山

提示

爬不久就喘氣了

────── **阿伯仔爬山 ── 邊仔喘**

台語「阿伯仔」（*a-peh-á*）指上了年紀的男人，一般爬山會覺得很累，常停下在山路邊喘氣，稱之「邊仔喘」（*pinn-á-tshuán*）。

台語「邊仔喘」的用法，可以請人家不要自不量力，或請人家不要多管閒事。這件事與你無關，請你不要插手，「邊仔喘」涼快就好。

爬山的台語音 *peh-suann*，這個 *peh* 的正字並不是「爬」，台語「爬」（*pê*）指伏地行走。根據教育部《台灣閩南語常用詞辭典》，*peh* 的用字是「跮」。

兩角找五分

— 提示 —

一角十分

說明 ── 兩角找五分 ── 角五（覺悟）

台語的貨幣單位是箍（*khoo*）、角（*kak*）、分（*hun*），一箍（元）十角，一角十分。

兩角找五分就是一角五分，簡稱「角五」（*kak gōo*），與「覺悟」（*kak-ngōo*）諧音。

法蘭西水

提示

法蘭西水就是汽水

———— 法蘭西水 —— 食一點氣

英國人在 1770 年代發明汽水（*Soda water*，蘇打水），隨後法國人研發製造汽水的機器，汽水逐漸在歐美國家流行。

1884 年 8 月至 1885 年 6 月的清法戰爭期間，法軍攻打台灣的澎湖、基隆、淡水，清代稱法國「法蘭西」，所以台灣人稱清法戰爭為「西仔反」。

當年法軍占領基隆時，相傳有法軍販賣汽水，基隆民眾初嘗「有氣的水」，稱之「法蘭西水」。此水有何特別？就是「食一點氣」（*tsiah tsit-tiám khì*）而已，後來成為歇後語。

台語「食一點氣」有爭一口氣、賭一口氣的意思，有一首台語歌〈人吃一點氣〉，歌詞中就有「毋管人諷刺，毋通看輕著自己」。
另有人講：荷蘭西水——食一點氣，「荷」應該是「法」之誤，因為荷蘭人統治台灣在十七世紀，當時汽水還沒發明。

和尚划船

和尚沒有頭髮

說明 - 和尚划船 —— 無髮渡（無法度）

和尚的最大特徵就是沒有頭髮，所以有一句華語歇後語：和尚打傘——無髮無天（無法無天）。

台灣溪流多，常要「撐船」（*the-tsûn*）、「划船」（*kò-tsûn*）來「過渡」（*kuè-tōo*）。

沒有頭髮的和尚划船過渡，戲稱「無髮渡」，聽起來變成「無法度」（*bô-huat-tōo*），沒有辦法、無能為力了。

這位婦人想生男的，從小姐生到歐巴桑，「招弟」的妹妹愈來愈多，還是和尚划船——無法度啦！

金仔山查某

金礦區的女人

說明 - 金仔山查某 —— 礦區女（控固力）

台語「金仔山」（*kim-á suann*）即產金的「礦區」（*khòng khu*），「查某」（*tsa-bóo*）就是女人。

金礦區的女人，戲稱「礦區女」（*khòng khu lî*），聽起來就像日語「コンクリート」（*Konkurīto*），英語 *Concrete* 的音譯，即混凝土。

コンクリート在日本時代融入台語，戰後以中文音譯寫成「控固力」，比喻頭腦僵硬、不知變通。

狗吠火車

── 提示 ──

火車不會理狗的

說明 ———————— **狗吠火車 —— 無路用**

台語「吠」（*puī*）就是狗叫。

狗吠火車，叫得再大聲，火車也不會停下來，就是「無路用」
（*bô-lōo-iōng*），沒有用、不中用的意思。

台語「無路用」的加強版是「無啥潲路用」（*bô siánn siâu lōo
iōng*），沒什麼用，台式華語寫成「無三小路用」。

美國西裝

美國人服裝的尺碼較大

說明 ── 美國西裝 ── 大軀（大輸）

美國在二戰末期曾空襲日本殖民地的台灣，戰後卻援助反共防線中華民國的台灣。自 1951 年至 1965 年，美國提供台灣每年約一億美元的贈予、貸款及技術合作，台灣稱之「美援」。

美援期間，美軍顧問團派駐台灣，美國文化也引進台灣，在台語留下「美國時間」（閒餘時間）等俗語。

美國人身材相對高大，所穿西裝尺碼較大，台語稱之「大軀」（ *tuā su* ）。「軀」是計算套裝的單位，一套西裝稱之「一軀西裝」（ *tsit su se-tsong* ），合身稱之「合軀」（ *hah-su* ）。

台語「大軀」與「大輸」同音，西裝如果太大件，穿起來就不吉利，如果還穿去賭博，一定輸到脫褲。

便所彈吉他

便所就是廁所

說明 ——————— # 便所彈吉他 —— 臭彈

日文稱廁所為「便所」（べんじょ，*benjo*）。台語本來稱簡陋廁所為「屎礐仔」（*sái-hak-á*），但日本時代引進日文漢字「便所」，後來以台語發音稱之 *piān-sóo*。

早年便所很臭，還要在裡面彈「吉他」（ギター，*gitā*），就是「臭彈」（*tshàu-tuānn*），吹牛、胡扯的意思。

台語「臭彈」的近義用詞有「膨風」（*phòng-hong*）、「歕雞胿」（*pûn-ke-kui*）、「畫虎羼」（*uē-hóo-lān*）。

保護三藏去取經

── 提示 ──

唐三藏需要誰保護？

─────── **保護三藏去取經 ── 著猴**

台語「著」（*tióh*）除了有需要的意思，也有得到的意思，例如「著病」（得病）、「著獎」（中獎）。

台語「著猴」（*tióh-kâu*）常用來罵人像猴子般急躁、不正經，類似華語「著魔」（ㄓㄠˊㄇㄛˊ）指被邪魔附身。

唐三藏前往西方取經，一路上都是妖魔鬼怪，需要孫悟空（孫猴子）保護，稱之「著猴」。這裡的「著猴」是雙關語，也來用比喻有如被猴子附身。

胡蠅戴龍眼殼

— 提示 —

胡蠅就是蒼蠅

 胡蠅戴龍眼殼 ── 崁頭崁面

台語「胡蠅」（*hôo-sîn*）就是蒼蠅，「戴」（*tì*）指頭上戴物。

龍眼（台語音 *lîng-gíng*）是很甜的熱帶水果，人吃了把殼丟到地上，蒼蠅會鑽進殼裡，有如戴龍眼殼。

小蒼蠅戴龍眼殼，把頭和臉都蓋住了，稱之「崁頭崁面」（*khàm-thâu-khàm-bīn*），比喻呆頭呆腦、不知死活。

查某人喙齒

女人的牙齒

說明 ── 查某人喙齒 ── 女牙（你的）

台語「查某人」（*tsa-bóo-lâng*）指女人，「喙齒」（*tshuì-khí*）就是牙齒。

女人的牙齒，就是「女牙」。「女」音 *lí*，「牙」音 *gê*，聽起來很像「你的」。「你」音 *lí*，「的」音 *ê* 表示所有格。

這盤瓜子是查某人喙齒──你的！

食蟳

蟳有兩根大螯最好吃

說明 ──── 食蟳 ── 興管（興講）

台語的「蟳」（*tsîm*）、「蠘」（*tshih*）專指海蟹，蟳以螯足強大為特徵，蠘似蟳但殼有斑點，螯足較細長而尖並有鋸齒。

蟳的大螯肉質鮮美，台語稱之「蟳管」（*tsîm-kóng*）、「蟳仔管」。

台語「興」（*hìng*）是愛好。吃蟳都會愛吃蟳管，就是食蟳──興管，聽起來像「興講」（*hìng kóng*），指愛說話的意思。

「興講」還沒關係，千萬不要「大舌閣興喋」（*tuā-tsih koh hìng thih*），口吃又喋喋不休，話多而言不及義。

紅龜包鹹菜

紅龜粿大都包豆沙

── **紅龜包鹹菜 ── 無好貨**

台語「紅龜」（*âng-ku*）就是「紅龜粿」（*âng-ku-kué*），主要當成拜神的祭品，一般都包較貴的「豆沙」（*tāu-se*），很少包便宜的「鹹菜」（*kiâm-tshài*）。

鹹菜是「粗俗貨」（*tshoo-siok-huè*），所以紅龜包鹹菜就是「無好貨」（*bô hó huè*）。

雖然「俗物無好貨」，一般人還是喜歡找「大俗賣」的貨物。

紅龜抹油

 提示

紅龜粿表面要抹油

——————————— **紅龜抹油──媠面**

台語「紅龜粿」（âng-ku-kué）簡稱「紅龜」，就是以糯米製作，
經染紅再用模具印上龜型的食物，常作為拜神祭品。

台語「媠」（suí）是美的意思，「媠查某囝仔」（suí tsa-bóo
gín-á）就是美女。

紅龜粿要在表面抹油，以防止龜裂，保持美觀，稱之「媠面」
（suí-bīn），面子比較好看。

食滷蛋配高粱酒

提示

死刑犯的最後一餐

———— **食滷蛋配高粱酒 ── 穩死**

台語「食」（*tsiáh*）是吃的意思，例如「食飯」、「食飽」；「穩」
（*ún*）有一定的意思，例如「穩贏」、「穩輸」。

死刑犯不知何時行刑，但知道行刑前會送來最後一餐，其中有滷
蛋與高粱酒。吃飽之後，不當餓死鬼好轉世投胎；喝高粱酒，則
是藉烈酒麻醉好減輕槍決痛苦。

因此，死刑犯吃滷蛋配高粱酒就表示要執行槍決，稱之「穩死」
（*ún sí*），死定了！

剃頭店公休

理髮店公休

說明 — 剃頭店公休 —— 無理髮（無你法）

台語稱理髮為「剃頭」（*thì-thâu*），有人把華語「理髮」用台語念成 *lí-huat*。

人講「一日剃頭，三日緣投（*iân-tâu*）」，理髮後看起來帥。

剃頭店公休，就是「無理髮」（*bô lí-huat*），聽起來與「無你法」同音，就是「拿你沒辦法」的意思。

苦瓜燉鰱魚

—— 提示 ——

變成有苦味的鰱魚

說明 ── 苦瓜燉鰱魚 ── 苦鰱（可憐）

台語「燉」音 *tūn*，「鰱魚」（*liân-hî*）是台灣常見淡水養殖魚，
鰱魚頭常拿來做砂鍋魚頭。

苦瓜燉鰱魚？似乎沒有這道台菜，只是要製造「苦鰱」的語言效
果。

「苦鰱」（*khóo liân*）聽起來就變成「可憐」（*khó-liân*）。

烏人食火炭

提示

炭也是黑的

説明 ──────── **烏人食火炭 ── 烏食烏**

台語「烏人」（*oo-lâng*）一般指黑種人，皮膚曬黑則會被説「親像烏人」（*tshin-tshiūnn oo-lâng*）。

台語「火炭」（*hué-thuànn*）就是木炭。

烏人食火炭，戲稱「烏食烏」（*oo-tsiáh-oo*），雙關語就是黑道之間的「黑吃黑」。

恩主公啉燒酒

── 提示 ──

紅面關公喝白酒

説明 ── 恩主公啉燒酒 ── 看袂出來

在台灣民間信仰，「恩主」指的是於民有恩的神祇，「恩主公」（*un-tsú-kong*）一般是關聖帝君，即俗稱「關公」的中國三國時代武將。

台語「啉」（*lim*）就是喝。燒酒是東亞傳統的穀物蒸餾酒，中國又稱白酒，但台語「燒酒」（*sio-tsiú*）不一定指白酒。

台語稱桃園三結義的「紅關公、白劉備、烏張飛」，關公以臉紅著稱。一般人喝酒會臉紅，關公本來就是紅臉，一向面不改色，就算喝了幾瓶烈酒，也是「看袂出來」（*khuànn-bē- tshut-lâi*），看不出來的意思。

「看袂出來」也有刮目相看之意。這位美女看到蟑螂，當場脫下高跟鞋就打，真是恩主公啉燒酒──看袂出來！

破船鎮港內

提示

漏水的船一直停放港內

說明 ──破船鎮港內──漏不修（老不修）

台語「鎮」（*tìn*）是占的意思，例如「鎮位」是占用位置，「鎮路頭」會妨礙通行。

破船一直停放港內占用位置，漏水卻不修理，稱之「漏不修」，聽起來變成「老不修」（*lāu-put-siu*），指好色、言行不正經的老人。

「老歲仔」（*lāu-huè-á*）還上酒家，就像破船鎮港內──老不修啦！

草厝掛煙筒

茅草屋懸掛煙囪

說明 ── **草厝掛煙筒 ── 無影無跡**

台語「草厝」（*tsháu-tshù*）是茅草屋，「掛」（*kuà*）是懸掛，「煙筒」（*ian-tâng*）是煙囪。

茅草屋上面可能有煙囪嗎？當然不可能！因為一定會失火，發生「火燒厝」（*hué-sio-tshù*），所以才說「草厝掛煙筒」是「無影無跡」（*bô-iánn-bô-tsiah*），就是毫無根據、子虛烏有。

這句歇後語也有人說：草厝掛煙筒──稀罕（*hi-hán*），真是太稀奇罕見了。

烏矸仔貯豆油

黑瓶子裝醬油

說明 ── 烏矸仔貯豆油 ── 無塊看

台語「矸仔」（kan-á）是瓶子，「貯」（té）是裝放，「豆油」（tāu-iû）是醬油。

台語「無塊」（bô-tè）是無處之意，「無塊買」是無處可買到，「無塊比」是無處可比較，「無塊看」是無處可看到。

黑瓶子裝醬油，看不出什麼，就是「無塊看」，比喻深藏不露，一旦表現出來，讓人驚奇而刮目相看。

另也有人說：烏矸仔貯豆油──看袂出來（khuànn-bē-tshut-lâi），與「無塊看」一樣，都是表達看不出來的意外。所以有人改以華語說：你黑瓶子裝醬油──看不出來喔！

相對有一句相對歇後語：白矸仔貯豆油──看出出（khuànn-tshut-tshut），透明瓶子裝醬油，一目了然，比喻看穿、識破，你心裡打什麼主意，別人清楚得很。

草人幔棕蓑

— 提示 —

稻草人披蓑衣

——— 草人幔棕蓑 —— 假鬼假怪

台語「稻草人」(*tiū-tsháu-lâng*) 簡稱「草人」(*tsháu-lâng*)，「幔」(*mua*) 是披衣，「棕蓑」(*tsang-sui*) 即蓑衣，用山棕的棕毛做成的雨衣。

稻草人披蓑衣，放在田裡，俗稱「鳥仔驚」(*tsiáu-á-kiann*)，用來騙鳥、嚇鳥，也可以說是「假鬼假怪」(*ké-kuí-ké-kuài*)，就是裝模作樣、裝神弄鬼的意思。

狗蟻跋落鼎

— 提示 —

螞蟻跌到大鍋裡

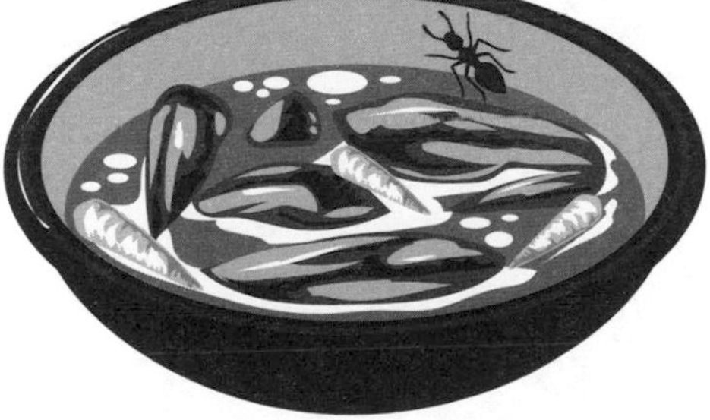

説明 —— 狗蟻跋落鼎 —— 炒死（吵死）

台語「狗蟻」（*káu-hiā*）即螞蟻，「跋落」（*puáh-lóh*）就是跌落，「鼎」（*tiánn*）一般指大鍋。

螞蟻跌落「鼎」裡，那就不只是熱鍋上的螞蟻，而是被「炒死」了！台語「炒」（*tshá*）與「吵」同音，「炒死」聽起來就是「吵死」。

台語有一句「枵飽吵」（*iau-pá-tshá*），本指小孩餓也吵、飽也吵，比喻無理取鬧。

牽豬哥

牽豬哥是早年台灣農村牽公豬配種的行業

早年台灣農村，有一種「牽豬哥」（*khan-ti-ko*）的行業，以飼養品種優良的「豬哥」（種豬），再牽去為家家戶戶飼養的母豬配種。

台語「趁」（*thàn*）是賺的意思，「暢」（*thiòng*）是爽的意思。

牽大公豬去配種的人，看到豬在做愛做的事，分享豬的性交之樂，自我感覺也賺到了快樂，稱之「趁暢」，頗有「乾過癮」的意思。

麻布做短褲

麻布有縫隙

說明 —————— 麻布做短褲 —— 看現現

台語「麻布」（*muâ-pòo*）指用麻織成的布，「麻衫」（*muâ-sann*）是居喪期間所穿麻布做的喪服。

麻布有或大或小的縫隙，如果做成短褲（*té-khòo*）、內褲（*lāi-khòo*）來穿，那麼褲子裡面會被看到，叫做「看現現」（*khuànn-hiān-hiān*），比喻看透、一目了然。

另一句歇後語：缺喙的食米粉——看現現，唇裂的人吃米粉，被看得一清二楚。

接骨師傅

—— 提示 ——

把斷手斷腳的骨頭接好

接骨師傅 ── 鬥跤手

台語「接骨」（*tsiap-kut*）指醫治斷骨的方法，把脫臼或折斷的骨頭接合起來，使之逐漸復原。

台語「跤」（*kha*）就是腳，「跤麻手痺」（*kha-bâ-tshiú-pì*）指因氣血不順而手腳麻痺。

接骨師傅把斷手斷腳的骨頭接好，稱之「鬥跤手」（*tàu-kha-tshiú*），這是雙關語，也有幫忙的意思。

男人除了不能生孩子外，在家裡要學習接骨師傅──鬥跤手。

產婆摸尻川

摸屁股接生

產婆摸尻川 ── 外行

台灣早年幫忙產婦接生的婦女稱為「穩婆」，到了日本時代才有接受助產教育的「產婆」（台語音 *sán-pô*）、「助產婦」，戰後稱「助產士」，後來大都由婦產科醫師接生。

台語「尻川」（*kha-tshng*）就是屁股。在中文，「尻」注音ㄎㄠ，東漢《說文解字》：「尻，臀也。」清段玉裁注：「臀，今俗云屁股是也。」日文漢字的「尻」，也有相同的用法。另外，「川」在古代的用法有時同「穿」，有孔洞的意思。

接生當然要摸孕婦的肚子，所以「產婆摸尻川」就是「外行」（*guā-hâng*），根本不專業。

規欉好好

— 提示 —

整棵樹都好好的

説明 ── 規欉好好 ── 無剉（無錯）

台語「規」（*kui*）是整個的意思，常被寫成同音的「歸」；「欉」（*tsâng*）是植株的單位，有句俗語「家己栽一欉，較贏看別人」。

台語「剉」（*tshò*）指以刀斧劈砍。整棵樹都好好的，稱之「無剉」，聽起來就是「無錯」（*bô-tshò*），沒錯的意思。

醫生說他已脫離險境，規欉好好──無錯啦！

麥芽膏罐

— 提示 —

麥芽糖很黏要用鐵湯匙挖取

說明 麥芽膏罐 ── 愛人撬（愛人撟）

台語「愛」（ài）當副詞用有要的意思，「愛小心」就是要小心，「愛拚才會贏」就是要拚才會贏。

台語「撬」（kiāu）是以工具扳開、挑起的意思；同音的「撟」（kiāu）則是惡言罵人，例如「姦撟」（kàn-kiāu）。

台語「麥芽膏」（béh-gê-ko）即麥芽糖，黏性很強，裝在罐子裡如何取出？一般常用鐵湯匙用力挖取，所以戲稱「愛人撬」，要人使用工具用力挖取，聽起來像「愛人撟」，就是要人罵、欠罵意思。

啉滾水放茶米茶

喝白開水卻尿出茶水

——— **啉滾水放茶米茶 —— 火大**

台語「啉」（*lim*）是喝，例如「啉茶」、「啉酒」；「放」（*pàng*）可用在「放尿」（小便）、「放火」、「放煙火」。

台語「滾水」（*kún-tsuí*）即煮沸的白開水。台語「茶」（*tê*）除了指茶葉煮泡的茶水，也泛指一些飲料，例如苦茶、杏仁茶、冬瓜茶，也稱以茶葉煮泡的茶水為「茶米茶」（*tê-bí-tê*）。

喝白開水為什麼會排出茶色的水？中醫的説法是「火氣大」（燥熱），簡稱「火大」（*hué-tuā*），另可指火勢猛烈，並引申怒火中燒。

鳥鼠仔入牛角

老鼠鑽入牛角

説明 ── 鳥鼠仔入牛角 ── 穩觸觸

台語「鳥鼠」（*niáu-tshí*）即老鼠，台諺「飼鳥鼠，咬布袋」比喻引狼入室、養虎為患。

老鼠鑽入牛角，牛角入口大、尾端小，就跑不出來，有如甕中捉鱉、手到擒來，稱之「穩觸觸」（*ún-tak-tak*），非常篤定、妥當。

日本時代《台日大辭典》的用字是「穩篤篤」。

菜脯搵豆油

提示

蘿蔔乾已經很鹹了還蘸醬油？

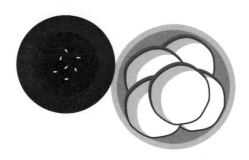

──────────── **菜脯搵豆油 ── 加了**

台語「菜脯」（*tshài-póo*）是蘿蔔乾，「搵」（*ùn*）是蘸，「豆油」
是醬油。

台語「加」是多餘，「了」是白費。蘿蔔乾已經夠鹹了，還要再
蘸醬油？這叫「加了」（*ke-liáu*），浪費、多此一舉的意思。

菩薩著賊偷

— 提示 —

菩薩神像被偷

說明 ——————————— 菩薩著賊偷 —— 失神

台語「著賊偷」（*tióh-tshát-thau*）就是遭小偷、失竊的意思，
「失神」（*sit-sîn*）形容無精打采、精神恍惚的樣子。

菩薩神像被賊偷走，失去了神像，稱之「失神」，以雙關語比喻
失魂落魄。

傳家佛經

— 提示 —

一代一代念下去

說明 - 傳家佛經 —— 世世念（踅踅念）

家裡的佛經，一代一代念下去，就是「世世念」，聽成了「踅踅念」（séh-séh-liām），現在轉成台式華語「碎碎念」，就是一直嘮叨、喋喋不休的意思。

台語「踅」（séh）是轉動、來回走動，例如「踅頭」是轉頭，「踅街」是逛街。

人說家家有本難念的經，很多家庭有一部「婆婆媽媽經」，還不快點嫁？還不快點生？也是傳家佛經——踅踅念啦！

跤底抹粉

提 示

腳底化妝

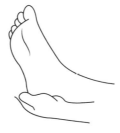

（說明）—— 跤底抹粉 —— 妝跤（庄跤）

台語「跤」（kha）是腳，「抹粉」（buah-hún）是打粉底，「妝」
（tsng）是用脂粉修飾容貌，「抹粉點胭脂」就是化妝。

當然沒有人會在腳底化妝，所以戲稱「妝跤」，聽起來就是「庄
跤」（tsng-kha），鄉下、農村的意思。

圓仔炒大麵

炒成一團了

──────── **圓仔炒大麵 ── 膏膏纏**

台語「纏」（*tînn*）是纏繞，引申糾纏；「膏」（ko）形容濃稠，「膏膏纏」（*ko-ko-tînn*）就是死纏活纏、糾纏不休了。

湯圓炒麵條，一定黏成一團，戲稱「膏膏纏」。

人家已說不愛你，你還一直糾纏人家，真是圓仔炒大麵──膏膏纏！

塗豆剝殼

── 提 示 ──

花生剝殼裡面有花生仁

説 明 ── 塗豆剝殼 ── 愛仁（愛人）

台語稱花生為「塗豆」（*thôo-tāu*），常見誤寫成「土豆」。「塗」
（*thôo*）是泥土的意思，「土」（*thóo*）用在「領土」（*líng-thóo*）、
「本土」（*pún-thóo*），「土樣仔」（*thóo-suāinn-á*）就是土芒果。

果核中的種子稱「仁」，例如「杏仁」、「花生仁」。台語「仁」
（*jîn/lîn*）也有相同的用法，例如「塗豆仁」。

台語「愛」（*ài*）有喜歡的意思，「愛迌迌」（*ài tshit-thô*）就是
喜歡玩。

花生剝殼，就是喜歡花生仁，稱之「愛仁」，聽起來變成「愛人」，
就是情人。台語暱稱情人為「愛人仔」（*ài-jîn-á*）。

墓仔埔放炮

── 提示 ──

在墳墓放鞭炮會嚇到誰？

說明 —————— 墓仔埔放炮 —— 驚死人

台語「墓仔埔」（bōng-á-poo）就是墳墓，有一首著名的台語歌叫〈墓仔埔也敢去〉。

在墓仔埔「放炮」（pang phàu）嚇誰？嚇死人！「嚇死人」可說嚇到死人，也可形容非常嚇人。

嚇的台語是「驚」，墓仔埔放炮就是「驚死人」（kiann-sí-lâng）！台灣在颱風過後菜價大漲有如墓仔埔放炮——驚死人。

這句歇後語也有「吵死人」一解。有人辦喪事搞得比辦喜事更熱鬧，不但吵了死人，也吵死了人。

對頭冤家主

看不順眼

對頭冤家主 ── 礙目

台語「對頭」（*tuì-thâu*）指敵對的兩方，「冤家」（*uan-ke*）是仇人，「主」（*tsú*）是當事人。

看到對頭、冤家當事人，那是我一見你就氣，再看會抽筋，稱之「礙目」（*gāi-bák*），就是礙眼、看不順眼啦！

蝦仔行路

提示

蝦子是怎麼走路的？

──────────── # 蝦仔行路 ── 倒彈

吃過蝦肉,有看過蝦走路嗎?

蝦子會爬行、游泳,但在驚嚇、危急時,可藉著腹部和尾部的彎曲向後彈跳逃走。

台語「行路」（*kiânn-lōo*）是走路的意思,台語「走路」（*tsáu-lōo*）則是跑路、逃亡的意思。

蝦子向後彈跳的動作,台語稱之「倒彈」（*tò-tuānn*）。「倒彈」另有感覺厭惡、情緒反彈的意思,例如看到政客、敵手的嘴臉就會「倒彈」。

墨賊仔頭

烏賊的頭

—————— **墨賊仔頭 —— 無血無目屎**

台語「墨賊仔」（*bák-tsát-á*）就是烏賊（墨魚），一般體型比「花枝」（*hue-ki*）小。

墨賊仔是冷血動物，所以墨賊仔頭本來就不會流血也不會流淚，戲稱「無血無目屎」，比喻冷酷無情、沒有人性。

骷仔頭

骷髏頭

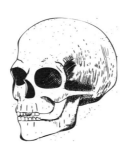

━━━━━━━━━ **骷仔頭 ── 無面子**

台語「骷仔」即「骷髏」（*ko-lô*），指乾枯的死人頭骨或屍骨。

骷髏頭沒有臉、沒有肉，就是「無面子」（*bô bīn-tsú*），沒有面子。

鴨仔過溪

鴨子會游泳，不必涉水過溪

説明 ── 鴨仔過溪 ── 無蹽（無聊）

鴨子會游泳，不用徒步涉水，可以「泅水」（台語音 *siû-tsuí*）過溪。

台語「蹽」（*liâu*）是涉水而行的意思，「蹽落去」（*liâu-lóh-khì*）比喻決定涉入其中。

鴨子游水不必「蹽過溪」（*liâu kuè khe*），戲稱「無蹽」，聽起來就變成「無聊」（*bô-liâu*）了。

擔肥去市場

── 提示 ──

挑糞去市場做什麼？

說明 ── 擔肥去市場 ── 賣屎（袂使）

台語「擔肥」（*tann-puî*）就是挑糞，在早年的農村，農人要挑糞到田裡當肥料。

挑菜到市場是要賣菜，挑糞到市場要賣什麼？戲稱「賣屎」，聽起來變成「袂使」（*bē-sái*），不可以、使不得的意思。

你拿出香菸，發現大家都用眼睛白的地方看你，那就像你擔肥去市場──袂使啦！

貓爬樹

提示

貓不如猴子會爬樹

───────── 貓爬樹 ── 毋成猴

貓也會爬樹，不過比不上猴子，不像猴子那麼靈活，所以台語説
「毋成猴」(*m-tsiânn-kâu*)。

「毋成猴」有兩種用法，一是罵人不像樣，例如小孩跟父母頂嘴；
一是稱讚人表現好，表示之前看不出來的意思。

閻羅王開酒店

── 提示 ──

閻羅王的酒店開在哪裡？

說明 ─ 閻羅王開酒店──毋驚死的做你來

台語「閻羅王」（*giâm-lô-ông*）是地獄的鬼王、審判者，閻羅王的酒店開在哪裡？當然在陰間。

酒店開在陰間，死了才能去，所以叫「毋驚死的做你來」，不怕死的就來啊！

另一句歇後語：閻羅王變魔術──騙鬼（*phiàn-kuí*），戲稱只能騙鬼但騙不了人。

閻羅王出火籤

火籤是古代官署下令緊急拘傳人犯的籤牌

─────── **閻羅王出火籤 ── 應該死**

傳說「閻羅王」（台語音 giâm-lô-ông）有「生死簿」，當某人壽命已盡時，閻羅王就會派「黑白無常」或「牛頭馬面」去人間押解此人魂魄，到陰曹地府接受審判。

「火籤」（台語音 hué-tshiam）是古代官署下令緊急拘傳人犯、令其火速到案的的籤牌。

一個人被閻羅王發出火籤，就表示陽壽已終，稱之「應該死」（ing-kai si）。

台語「該死」（kai-si）則是自責或罵人的話，活該的意思。

頭殼頂插葵扇

── 提示 ──

頭上插扇子就有風了

説明 ── 頭殼頂插葵扇 ── 出風頭

台語「頭殼」（*thâu-khak*）指頭顱或頭腦，「頭殼歹去」就是説人頭腦壞掉。

台語「葵扇」（*khuê-sìnn*）就是早年用棕櫚科植物蒲葵的葉子所做的扇子，傳説濟公禪師手持葵扇。

在頭上插扇子，頭上有風，戲稱「出風頭」（*tshut-hong-thâu*）比喻顯露或炫耀自己，形容表現出色。

大家一起遊行抗議，説好頭上綁布條，你老兄卻插扇子，擺明不就是想「出風頭」嗎？

貓食鹽

貓吃鹽會怎樣？

說明 ──────────── 貓食鹽 ── 存範死

台語「存範」（tshûn-pān）有存心的意思，日本時代《台日大辭典》也收錄此字，但寫成「存辦」，準備的意思。

傳說貓吃鹽會死，所以才有這句歇後語：貓食鹽──存範死，存心要死，一定會死。

其實，不能說貓不能吃鹽，但要注意攝取量。因為貓、狗皮膚沒有汗腺，體內鹽分只能靠腎臟排出，如果吃過多鹽，恐有致命風險。

蟾蜍展氣功

蟾蜍練氣功

說明 ———— 螿蜍展氣功 ── 膨風

台語「螿蜍」（*tsiunn-tsî*）指蟾蜍、癩蝦蟆，「展」（*tián*）是
展現、誇耀的意思。

蟾蜍展現氣功，就像周星馳電影《功夫》裡火雲邪神的「蝦蟆
功」，蛙類以鼓膜鳴叫，變成了「膨風水雞」（*phòng-hong
tsuí-ke*）。

台語「膨風」就是吹牛、說大話，其實沒有本事，所以說「膨風
水雞刣無肉」。

鎮守古廟

— 提示 —

古廟有老神

——— **鎮守古廟 —— 老神在在**

古廟住著老神，叫做「老神在在」（*lāu-sîn-tsāi-tsāi*），神色自若、氣定神閒的樣子。

台語「在」（*tsāi*）有穩的意思，「坐予在」（*tsē hōo tsāi*）就是坐穩。

這個「老歲仔」（*lāu-huè-á*）喜歡坐雲霄飛車第一排，不知是返老還童，還是老神在在？

雞啄鈕仔

雞啄扣子

台語「啄」（*tok*）指鳥類用嘴取食，例如「啄米」（*tok bí*）；
「鈕仔」（*liú-á*）就是鈕扣。

台語「無彩」（*bô-tshái*）是浪費、可惜的意思，「無彩工」是
白費功夫，「無彩錢」是浪費錢。

台語稱嘴為「喙」（*tshuì*），「好喙」（*hó-tshuì*）比喻說話很
和氣。

雞啄米、啄蟲，如果啄到扣子，一定會說「無彩喙」，字義上是
浪費嘴巴，可引申枉費脣舌。

羅漢請觀音

十八羅漢請觀音吃飯

羅漢請觀音 ── 一客九主人

「羅漢」（lô-hàn）人數很多，有十八羅漢甚至一百零八羅漢之說，但「觀音」（Kuan-im）只有一位。

羅漢請觀音吃飯，並不是典故，只是比喻客人少、主人多，稱之「一客九主人」。

很多人合請一位客人，或請一位客人來家裡吃飯，全家大小一起上桌，主人就可以說這是「羅漢請觀音」。

攑量仔量棺柴

— 提示 —

舉大秤來秤棺材

說明 ──擇量仔量棺柴──大鉤棺（大交關）

台語「擇」（giah）是拿、舉的意思，「擇箸」是拿筷子，「擇手」是舉手。

台語稱秤重量的器具，秤仔（tshìn-á）是小秤，「量仔」（niū-á）是兩個人抬舉的大秤，使用時以「鉤仔」（kau-á）鉤起貨物。

台語稱棺材為「棺柴」（kuann-tshâ），「交關」（kau-kuan）是光顧、買賣的意思。

抬舉大秤來量棺材，要用很大的鉤子，戲稱「大鉤棺」，聽起來就是「大交關」，大買賣的意思。

鐵管生銿

提 示

鐵管生鏽

—— 鐵管生銍 —— 歹管（歹講）

台語「生銍」（senn-sian）就是生鏽，「歹」（pháinn）是壞的意思。

鐵管（thih-kóng）生銍，就是「歹管」，聽起來變成「歹講」（pháinn-kóng），很難說的意思。

貪財遇到金光黨，好色被人仙人跳，都是鐵管生銍——歹講啦！

籠床崁無密

— 提示 —

蒸籠沒蓋緊

（説明）—— 籠床崁無密 —— 漏氣（落氣）

台語「籠床」（*lâng-sng*）指蒸籠，「崁」（*khàm*）是蓋的意思。

蒸籠沒蓋緊，就會「漏氣」（*lāu khì*），與「落氣」（*làu-khuì*）諧音，即表現不好、出糗，台語所說的「見笑」（*kiàn-siàu*），羞愧之意。

當政客有兩條，一是會「膨風」（*phòng-hong*），二是不怕「落氣」。

210

鱠仔魚假赤鯮

── 提示 ──

鱠仔魚的顏色沒有赤鯮那麼紅

───── **鱠仔魚假赤鯮──無夠紅**

台語「鱠仔魚」（*kuè-á-hî*）常被寫成「郭仔魚」、「過魚」，為石
斑魚的一種。

台語「赤鯮」（*tshiah-tsang*），正字是「赤鬃」，以其背鰭是赤色
而得名（台語赤色是紅棕色、赤土色），但魚體偏紅。

鱠仔魚的顏色沒有赤鯮那麼紅，就是「無夠紅」（*bô-kàu âng*），
不夠紅啦！

電影演員去夜市還沒被認出來，就是「無夠紅」。

您記得的歇後語：

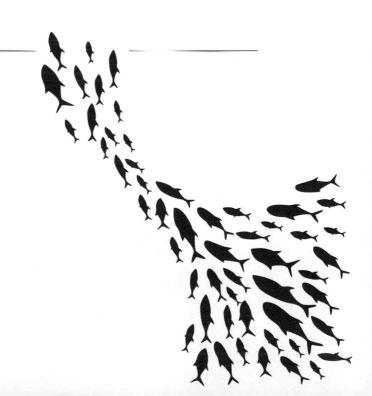

激骨話：台灣歇後語（附讀法 QR code）

2019年9月初版　　　　　　　　　　　　定價：新臺幣280元
有著作權・翻印必究
Printed in Taiwan.

著　　　者	曹　銘　宗	
叢書主編	黃　惠　鈴	
叢書編輯	葉　倩　廷	
校　　　對	吳　美　滿	
整體設計	朱　柏　諺	
編輯主任	陳　逸　華	

出　版　者	聯經出版事業股份有限公司	總編輯	胡　金　倫	
地　　　址	新北市汐止區大同路一段369號1樓	總經理	陳　芝　宇	
編輯部地址	新北市汐止區大同路一段369號1樓	社　長	羅　國　俊	
叢書主編電話	(0 2) 8 6 9 2 5 5 8 8 轉 5 3 1 2	發行人	林　載　爵	
台北聯經書房	台 北 市 新 生 南 路 三 段 9 4 號			
電　　　話	(0 2) 2 3 6 2 0 3 0 8			
台中分公司	台 中 市 北 區 崇 德 路 一 段 1 9 8 號			
暨門市電話	(0 4) 2 2 3 1 2 0 2 3			
台中電子信箱	e - m a i l：l i n k i n g 2 @ m s 4 2 . h i n e t . n e t			
郵政劃撥帳戶	第 0 1 0 0 5 5 9 - 3 號			
郵撥電話	(0 2) 2 3 6 2 0 3 0 8			
印　刷　者	文 聯 彩 色 製 版 有 限 公 司			
總　經　銷	聯 合 發 行 股 份 有 限 公 司			
發　行　所	新北市新店區寶橋路235巷6弄6號2樓			
電　　　話	(0 2) 2 9 1 7 8 0 2 2			

行政院新聞局出版事業登記證局版臺業字第0130號

國家圖書館出版品預行編目資料

激骨話：台灣歇後語（附讀法 QR code）/曹銘宗著. 初版.
新北市. 聯經. 2019年9月（民108年）. 216面. 14.8×21公分
ISBN 978-957-08-5379-7（平裝）

1.歇後語 2.台語.

539.6   108013312